PETIT CATÉCHISME

D.

70862

PETIT
CATÉCHISME

A L'USAGE

DES SOURDS-MUETS

Par M. l'Abbé Ed. RIEFFEL

NOUVELLE ÉDITION

AVEC UN QUESTIONNAIRE

CURRIÈRE

IMPRIMERIE DE L'ÉCOLE DES SOURDS-MUETS

1896

IMPRIMATUR.

Grenoble, le 29 juillet 1895.

P. FAURE, *Vic. gén.*

PRÉFACE

Le Petit Catéchisme, dont nous publions une nouvelle édition, est destiné spécialement aux élèves sourds-muets peu intelligents ou qui ont peu de mémoire.

Pour les uns comme pour les autres, qu'ils soient instruits par la méthode orale pure ou par la méthode mixte, les catéchismes ordinaires et surtout le catéchisme du diocèse ne pourraient être utilisés ; ils sont au-dessus de leur portée.

Le *Petit Catéchisme,* rédigé dans le style le plus simple possible, contient en trente leçons tout ce qu'il importe au sourd-muet de savoir pour être admis à la première communion.

A la rigueur, les deux leçons supplémentaires peuvent être omises.

Le *Questionnaire* ne contient que les questions correspondant au texte.

Le maître fera bien de multiplier et de varier les questions sur les vérités essentielles selon le degré d'intelligence et d'instruction des élèves, afin d'exercer leur jugement, de s'assurer qu'ils comprennent bien et d'empêcher les récitations par routine.

Voici comment il convient de procéder :

1° La leçon est écrite sur le tableau noir pour être expliquée ;

2° Le maître explique la signification de chaque mot nouveau et le sens de chaque phrase par le système intuitif ou au moyen de gravures, de comparaisons, d'analogies, de synonymes,

3° L'élève apprend la leçon par cœur ;

4° Il récite la leçon entière par écrit sur l'ardoise ; et si les élèves sont sourds-parlants, ils récitent alternativement la leçon par écrit et par la parole ; tandis que les uns parlent, les autres écrivent ;

5° Le maître se sert du questionnaire pour interroger soit verbalement, soit par écrit sur le tableau ; il est très important d'employer un rideau mobile à coulisses pour soustraire la question à la vue de l'élève pendant que celui-ci écrit la réponse.

Les élèves peuvent encore se servir du questionnaire pendant les heures d'études pour répéter les leçons du catéchisme ; chacun répond isolément par écrit sur son ardoise au questionnaire de la leçon que le maître a désignée.

Nul doute que les vérités religieuses enseignées de cette manière ne soient comprises et ne restent gravées dans la mémoire des élèves.

Les leçons du *Petit Catéchisme* serviront aussi de thèmes pour l'enseignement de la langue française, dès lors que le maître expliquera le sens des mots et des phrases, et variera les questions.

Voici comme exemple quelques questions supplémentaires sur la première leçon :

Le banc pense-t-il ? — Le tableau pense-t-il ? — L'arbre pense-t-il ? — Ecris les noms de quelques animaux. — Le chien pense-t-il ? — Le cheval pense-t-il ? — Pourquoi les animaux ne pensent-ils pas ? etc.

Les deux premières leçons préliminaires ont pour but d'introduire l'élève dans le monde spirituel et de l'amener à connaître l'âme avec ses facultés.

Nous espérons que Dieu daignera bénir cet opuscule publié pour sa gloire et le salut des âmes !

L'Abbé Ed. RIEFFEL.

Salzinnes, le 21 juillet 1895.

AUX SOURDS-MUETS

Sourds-muets, mes amis, vous désirez tous aller au Ciel et être heureux éternellement.

Pour aller au Ciel, il faut connaître Dieu et obéir à ses commandements; il faut connaître et imiter Jésus-Christ.

Pour connaître Dieu et Jésus-Christ, il faut étudier le Catéchisme.

Oui, il est nécessaire de bien étudier le Catéchisme *pour connaître les vérités que Jésus-Christ a enseignées,* — *et pour savoir tout ce que vous devez faire pendant la vie, afin de mériter le Ciel après la mort.*

Sourds-muets, j'ai écrit ces leçons de Catéchisme pour vous; vous les comprendrez très facilement.

Je vous offre ce petit livre, parce que je

vous aime beaucoup et que je désire votre bonheur. Étudiez attentivement le Catéchisme; croyez les vérités, accomplissez les devoirs qu'il enseigne : vous deviendrez instruits et sages, vous serez heureux.

L'A. E. Rieffel.

PETIT CATÉCHISME

A L'USAGE DES SOURDS-MUETS

1ʳᵉ LEÇON

Le Corps et l'Ame.

J'ai des mains et des pieds.

J'ai des yeux, des oreilles, un nez et une bouche.

J'ai un *corps*.

Je pense à mon père et à ma mère.

Je pense à étudier.

Mon corps ne pense pas.

J'ai une *âme* unie à mon corps.

Mon âme pense.

J'ai une intelligence ; je réfléchis, je comprends.

Les animaux ne réfléchissent pas.

Les animaux n'ont pas d'intelligence.

2ᵉ LEÇON

L'Ame.

J'ai une intelligence pour comprendre.

J'ai un cœur pour aimer.

C'est l'âme qui pense, comprend, aime.

Je vois mon corps.

Je ne vois pas mon âme.

Je peux toucher mon corps.

Je ne peux pas toucher mon âme.

L'âme est *esprit*.

Le corps mourra.

L'âme ne mourra pas.

L'âme est immortelle.

———

3ᵉ LEÇON

Dieu créateur.

Je vois des bancs, des tables.

Le menuisier fait les bancs, les tables, avec des matériaux (1) et des outils (2).

(1) Matériaux : du bois, du fer, des pierres.
(2) Outils : un marteau, une scie, une hache, un rabot, une truelle.

Je vois des maisons.

Le maçon et le charpentier font les maisons avec des matériaux et des outils.

Je vois le ciel, la terre, des plantes, des animaux...

Dieu a fait le ciel et la terre *de rien,* sans matériaux et sans outils ; il a ordonné et aussitôt tout a été *créé.*

Dieu a créé le ciel, le soleil, la lune et les étoiles.

Dieu a créé la terre, les plantes et les animaux.

Dieu a créé l'homme.

Dieu seul est Créateur.

4ᵉ LEÇON

Dieu est esprit.

J'ai des mains, des yeux, des oreilles, un corps ;
Dieu n'a pas de mains, ni d'yeux, ni d'oreilles.
Dieu n'a pas de corps.
Dieu est *esprit.*
Je vois un homme, parce qu'il a un corps.
Je ne vois pas Dieu, parce qu'il est esprit.

5ᵉ LEÇON

Dieu est éternel, immense.

Je suis né; tous les hommes naissent.

Je mourrai; tous les hommes mourront.

Dieu n'est pas né; il ne mourra jamais.

Dieu est *éternel*.

Dieu est dans le ciel et sur la terre.

Dieu est dans la classe, dans le dortoir, dans la cour...

Dieu est partout; il est *immense*.

6ᵉ LEÇON

Dieu est tout-puissant, bon et juste.

Dieu sait tout; il voit tout; il peut tout.

Dieu est *tout-puissant*.

Dieu gouverne tout dans le ciel et sur la terre; il est *maître souverain*.

Dieu est *infiniment* bon et *infiniment* beau.

Si je suis sage, Dieu me récompensera : j'irai au Ciel.

Si je suis méchant, Dieu me punira; il me précipitera dans l'enfer.

Dieu est infiniment *juste*.

———

7ᶜ LEÇON

Devoirs envers Dieu.

Dieu est un esprit éternel, infiniment parfait, créateur du ciel et de la terre, souverain Seigneur de toutes choses.

Je crois en Dieu.

J'espère en Dieu.

J'aime Dieu de tout mon cœur.

J'adore Dieu et je le prie.

Je ne désobéirai jamais à Dieu.

———

8ᵉ LEÇON

La Sainte Trinité.

Il y a un seul Dieu.

Il y a trois personnes en Dieu.

La première personne s'appelle le Père;

La seconde personne s'appelle le Fils;

La troisième personne s'appelle le Saint-Esprit

Le Père est Dieu;

Le Fils est Dieu;

Le Saint-Esprit est Dieu.

Mais le Père, le Fils et le Saint-Esprit, trois personnes, sont un seul Dieu.

Les trois personnes divines sont également parfaites.

Dieu le Père, Dieu le Fils et Dieu le Saint-Esprit s'appellent la *Sainte Trinité*.

9ᵉ LEÇON

Les Anges.

Dieu a créé des *Anges*.

Les Anges n'ont pas de corps.

Les Anges sont esprits; ils sont immortels.

Les Anges habitent dans le Ciel;

Ils viennent sur la terre;

Ils nous protègent;

Ils nous excitent à être sages.

Nous aimerons les Anges.

Nous invoquerons les Anges; ils prieront pour nous.

10ᵉ LEÇON

Les Démons.

Tous les Anges ne sont pas restés bons.

Des Anges sont devenus orgueilleux et rebelles.

Dieu les a précipités dans l'enfer.

Les Anges rebelles s'appellent *démons*.

Ils viennent sur la terre ;

Ils nous excitent à offenser Dieu.

Nous haïrons les démons ;

S'ils nous tentent, nous leur résisterons.

11ᵉ LEÇON

Création de l'Homme.

Dieu forma le corps du premier homme avec de la terre ; il unit à ce corps une âme spirituelle et immortelle.

Le premier homme s'appelle Adam.

Dieu forma le corps de la première femme avec une côte d'Adam ; il unit à ce corps une âme spirituelle et immortelle.

La première femme s'appelle Eve.

Dieu créa Adam et Eve saints et immortels.

Dieu a créé les hommes pour le connaître, l'aimer, lui obéir et, après la mort, aller au Ciel.

12ᵉ LEÇON

Désobéissance d'Adam et d'Eve.

Dieu plaça Adam et Eve dans un jardin délicieux, appelé *Paradis terrestre*.

Adam et Eve mangèrent d'un fruit défendu; ils désobéirent à Dieu.

Dieu punit Adam et Eve.

Il les chassa du Paradis terrestre; il les condamna au travail, aux souffrances et à la mort.

Parce que Adam (1) et Eve ont désobéi, tous les hommes (enfants d'Adam) en naissant ont le *péché originel* et ne peuvent pas aller au Ciel.

Mais Dieu infiniment bon leur a pardonné : il a envoyé un *Sauveur*.

(1) Adam est le premier père de tous les hommes; tous les hommes sont enfants d'Adam.

13ᵉ LEÇON

L'Incarnation. — Jésus-Christ.

Dieu le Fils, seconde personne en Dieu, est devenu (s'est fait) homme comme nous.

C'est l'*Incarnation*.

Dieu le Fils devenu homme s'appelle *Jésus-Christ*. Il est notre Sauveur.

La Mère de Jésus-Christ est une Vierge nommée *Marie*.

Jésus-Christ est né dans une étable à Bethléem.

Jésus-Christ a vécu sur la terre durant trente-trois ans.

Jésus-Christ a instruit les hommes.

Jésus-Christ a fait des miracles.

Il a guéri des aveugles, des sourds, des muets, des boiteux, des malades ;

Il a ressuscité des morts.

14ᵉ LEÇON

Rédemption. — Résurrection. — Ascension.

Jésus-Christ a *beaucoup* souffert.

Il a été flagellé et couronné d'épines.

Il a été crucifié.

Il est mort sur la croix.

Jésus-Christ a souffert et *est mort pour sauver tous les hommes.*

C'est la *Rédemption.*

Jésus-Christ a été enseveli.

Le troisième jour après sa mort, Jésus-Christ est ressuscité.

Il est monté au ciel.

Jésus-Christ redescendra sur la terre pour juger tous les hommes.

15ᵉ LEÇON

La Sainte Vierge Marie.

Jésus-Christ est Dieu, parce qu'il est le Fils de Dieu.

Jésus-Christ est homme, parce qu'il a un corps et une âme comme nous.

Marie est Mère de Jésus-Christ; Marie est Mère de Dieu.

Marie est très bonne et très puissante.

Marie, après sa mort, a été élevée, corps et

âme, dans le ciel, au-dessus des Anges et des Saints.

Marie nous aime, elle nous protège.

Nous aimerons Marie.

Nous invoquerons Marie; elle priera pour nous.

Nous invoquerons aussi saint Joseph.

Saint Joseph est l'époux de Marie; il est le père nourricier de Jésus.

16ᵉ LEÇON

L'Eglise.

Jésus-Christ a choisi douze *Apôtres*.

Les Apôtres avec Jésus-Christ ont enseigné les hommes.

Le chef des Apôtres s'appelle saint Pierre.

Aux Apôtres ont succédé des évêques.

A Saint Pierre ont succédé des Papes.

La réunion des chrétiens, des prêtres et des évêques soumis au Pape s'appelle l'*Eglise*.

Tous les chrétiens doivent obéir au Pape.

17e LEÇON

Commandements de Dieu.

Il y a dix Commandements de Dieu :

1. Tu adoreras Dieu seul et tu l'aimeras parfaitement.

2. Tu ne jureras pas sans nécessité.

3. Le dimanche, tu prieras Dieu et tu ne travailleras pas.

4. Tu respecteras ton père et ta mère ; tu les aimeras et tu leur obéiras.

5. Tu ne tueras pas ; tu ne te querelleras pas.

6. Tu ne seras pas luxurieux.

7. Tu ne voleras pas.

8. Tu ne mentiras pas.

9. Tu n'auras pas de désirs impurs.

10. Tu ne désireras pas voler ; tu ne seras pas envieux.

18ᵉ LEÇON

Commandements de l'Eglise.

Il y a six Commandements de l'Eglise :

1. Les jours de fête, tu prieras et tu ne travailleras pas.

Ces Fêtes sont : Noël, l'Ascension, l'Assomption, la Toussaint.

2. Les dimanches et les jours de fête, tu iras à la Messe.

3. Tu te confesseras chaque année, une fois au moins (1).

4. A Pâques, tu communieras.

5. Pendant le Carême (2), aux Quatre-Temps, aux veilles des grandes Fêtes, tu jeûneras.

6. Les vendredis et les samedis, tu ne mangeras pas de viande.

(1) Au moins : pas moins.
(2) 40 jours de jeûne avant Pâques.

19ᵉ LEÇON

Le Péché.

Les hommes en naissant ont un péché qui s'appelle péché originel (1).

La désobéissance à un Commandement de Dieu est un péché qui s'appelle péché actuel.

Dieu est le souverain Maître ; nous devons obéir à ses Commandements.

Désobéir aux Commandements de Dieu, c'est *pécher*.

Désobéir *gravement* à Dieu, c'est un *péché mortel*.

Désobéir *légèrement* à Dieu, c'est un *péché véniel*.

Si l'on pèche mortellement, on est ennemi de Dieu ; on mérite l'enfer.

Si l'on pèche véniellement, on est moins ami de Dieu ; on mérite le purgatoire.

Il y a sept *péchés capitaux :* l'orgueil, l'avarice, la luxure, l'envie, la gourmandise, la colère et la paresse.

(1) Voir Leçon 12ᵉ.

20ᵉ LEÇON

La Grâce. — La Prière.

Pour éviter le péché, faire le bien et aller au ciel, il faut que Dieu aide l'âme.

L'aide de Dieu s'appelle la *grâce*.

Dieu aide l'âme en éclairant l'intelligence et en fortifiant le cœur.

Pour obtenir la grâce, il faut *prier;* il faut recevoir les *Sacrements.*

Il faut prier souvent; il faut prier tous les jours, le matin et le soir.

Les plus excellentes prières sont : *Notre Père...* (1) et *Je vous salue, Marie...* (2).

Jésus-Christ a enseigné le *Notre Père.*

21ᵉ LEÇON

Sacrements. — Baptême. — Confirmation.

Jésus-Christ a institué sept Sacrements : le Baptême, la Confirmation, l'Eucharistie, la Péni-

(1) Le *Pater.*
(2) L'*Ave, Maria.*

tence, l'Extrême-Onction, l'Ordre et le Mariage.

Le *Baptême* efface le péché originel.

Par le Baptême, nous devenons enfants de Dieu et chrétiens.

On reçoit le Baptême une seule fois.

Le Baptême est nécessaire pour aller au Ciel.

La *Confirmation* donne le Saint-Esprit.

Le Saint-Esprit éclaire l'âme et la fortifie.

On reçoit la Confirmation une seule fois.

L'évêque donne la Confirmation.

———

22ᵉ LEÇON

Eucharistie. — Communion.

L'*Eucharistie* contient vraiment le corps, le sang, l'âme et la divinité de Jésus-Christ.

Jésus-Christ est tout entier dans les hosties petites comme dans les hosties grandes.

Communier, c'est recevoir l'Eucharistie.

Par la communion, on ne reçoit pas du pain, mais le corps, le sang, l'âme et la divinité de Jésus-Christ.

On peut recevoir l'Eucharistie souvent.

Pour recevoir l'Eucharistie dignement, il faut être sans péché mortel.

Il faut aussi être à jeun (1).

Après une bonne communion, notre âme est unie à Jésus-Christ, Dieu nous aime bien et nous donne beaucoup de grâces.

23e LEÇON

Eucharistie. — Messe.

Jésus crucifié a offert son corps et son sang à Dieu le Père, pour nous sauver.

Pendant la Messe, Jésus-Christ offre pareillement son corps et son sang à Dieu le Père, par les mains du prêtre.

Avant l'*Elévation,* le prêtre bénit le pain et le vin; il change le pain au corps de Jésus-Christ, il change le vin au sang de Jésus-Christ.

Après l'*Elévation,* les apparences (2) du pain et du vin restent.

Mais, sur l'autel, il n'y a plus ni pain ni vin.

(1) Depuis minuit jusqu'à la Communion, il ne faut rien manger, ni boire.
(2) Ce que l'on voit.

Il y a le corps, le sang, l'âme et la divinité de Jésus-Christ.

Jésus-Christ est vraiment dans l'Eucharistie; il est aussi dans le ciel.

24ᵉ LEÇON

Pénitence.

Le sacrement de *Pénitence* efface les péchés faits après le Baptême.

Pour avoir le pardon de ses péchés :

1° Il faut se repentir sincèrement d'avoir offensé Dieu ;

Il faut aussi promettre de ne plus pécher ; c'est la *contrition*.

2° Il faut déclarer tous ses péchés au prêtre; c'est la *confession*.

3° Il faut faire la pénitence (1) ordonnée par le confesseur; c'est la *satisfaction*.

Le prêtre, remplaçant Jésus-Christ, efface les péchés par l'*absolution,* si l'on s'est bien confessé.

(1) Prière, ou autre chose.

Il est nécessaire de confesser *tous* les péchés *mortels;* il est bon de confesser aussi les péchés véniels.

On peut recevoir le sacrement de Pénitence souvent.

Si l'on a un péché mortel, il faut se repentir et se confesser.

———

25ᵉ LEÇON

Extrême-Onction. — Ordre. — Mariage.

L'*Extrême-Onction* purifie entièrement l'âme et la fortifie; elle soulage les malades.

Elle aide à bien mourir.

Si on est gravement malade, il faut recevoir l'Extrême-Onction.

Le sacrement de l'*Ordre* donne le pouvoir de célébrer la Messe, d'administrer les Sacrements (1) et de prêcher.

On reçoit l'Ordre une seule fois.

---

(1) Administrer les Sacrements, c'est baptiser, confesser, donner la communion...

Les évêques seuls peuvent donner le sacrement de l'Ordre.

Le sacrement de *Mariage* unit l'homme à la femme et leur donne les grâces nécessaires pour se sanctifier.

26ᵉ LEÇON

La Mort. — Le Jugement particulier.

Plus tard, notre âme se séparera du corps; nous serons *morts*.

Le corps sera mis dans la terre;

Il deviendra poussière.

L'âme ira devant Dieu; Dieu jugera l'âme.

Après ce jugement, l'âme parfaitement pure ira dans le Ciel.

L'âme qui n'est pas parfaitement pure ira dans le purgatoire.

L'âme qui a des péchés mortels ira dans l'enfer.

27ᵉ LEÇON

Le Ciel. — Le Purgatoire. — L'Enfer.

Le *Ciel* est infiniment beau.

Dans le Ciel, on voit Dieu, on loue Dieu.

Dans le Ciel, on ne souffre jamais.

Dans le Ciel, on est éternellement et infiniment heureux.

Au *Purgatoire*, il y a des âmes dans du feu.

Dans le purgatoire, on souffre beaucoup.

Dans le purgatoire, on ne reste pas toujours.

On sort du purgatoire et on va au Ciel.

On peut délivrer les âmes du purgatoire par des prières, des communions et des bonnes œuvres.

L'*Enfer* est plein de feu, il y a les démons, les damnés.

Dans l'enfer, on souffre horriblement.

Dans l'enfer, on ne verra jamais Dieu.

Dans l'enfer, on souffre éternellement avec les démons.

28ᵉ LEÇON

Jugement général.

Le monde finira.

Tous les hommes seront morts.

Dieu commandera : tous les hommes ressusciteront.

Jésus-Christ redescendra sur la terre pour juger tous les hommes.

Après ce jugement, les hommes méchants iront, corps et âme, dans l'enfer avec les démons.

Les hommes bons iront, corps et âme, dans le Ciel avec Jésus-Christ.

DEUX LEÇONS SUPPLÉMENTAIRES [1]

L'Eucharistie.

Le jeudi avant sa mort, Jésus a institué l'Eucharistie. Ce jour s'appelle Jeudi-Saint.

[1] Ces leçons ne seront enseignées qu'aux Élèves assez intelligents pour les comprendre.

Jésus, mangeant avec les apôtres, prit du pain et, le bénissant, changea ce pain en son corps.

Il prit un calice dans lequel il y avait du vin, l'ayant béni, il changea le vin en son sang.

Jésus donna aux apôtres et aux prêtres le pouvoir de changer le pain en son corps et le vin en son sang.

Pendant la messe, avant l'élévation de l'hostie, le prêtre dit comme Jésus-Christ : « Ceci est mon corps », et l'hostie (pain) est changée en corps de Jésus-Christ. — Avant l'élévation du calice, le prêtre dit : « Ceci est mon sang », et le vin est changé en sang de Jésus-Christ.

Avant l'élévation, sur l'autel, il y a du pain et du vin. Après l'élévation, il n'y a plus de pain ni de vin, mais le corps et le sang de Jésus-Christ.

Dans l'Eucharistie il y a le corps, le sang, l'âme la divinité de Jésus-Christ, il y a Jésus-Christ Dieu et Homme, mais sous les apparences (2) du pain et du vin.

Il faut adorer l'Eucharistie, parce que l'Eucharistie c'est Jésus-Christ Dieu.

Jésus-Christ est vraiment dans l'Eucharistie, il est en même temps vraiment au ciel.

(2) Ce qui se voit ; mais ce n'est plus du pain, ni du vin.

La Messe. — La Communion.

Jésus-Christ a sauvé les hommes en méritant, par ses souffrances et sa mort, le pardon de nos péchés et les grâces nécessaires pour aller au ciel.

Sur la croix, Jésus a répandu son sang et il a offert, lui-même, son corps et son sang à Dieu le Père pour nous sauver.

C'est le sacrifice de la Croix.

Sur l'autel, Jésus offre également son corps et son sang, mais par les mains du prêtre et sans répandre son sang.

C'est le sacrifice de la messe.

Le prêtre offre la messe pour adorer et remercier Dieu, pour que Dieu nous pardonne nos péchés et nous donne sa grâce.

Jésus a institué l'Eucharistie pour rester avec nous sur la terre et pour nous unir à Dieu.

Communier c'est recevoir l'Eucharistie, recevoir le corps, le sang, l'âme et la divinité de Jésus-Christ.

Jésus s'unissant à nous dans la communion, nous donne des grâces pour éviter le péché et faire le bien.

Communions bien et souvent.

Pour bien communier, il faut n'avoir point de péché mortel;

Etre à jeûn (1).

Il faut aussi bien prier.

Après la communion, il faut encore bien prier, avant de sortir de l'église.

PRIÈRES

MATIN ET SOIR.

Mon Dieu, je crois que vous êtes ici; je vous adore.

Mon Dieu, je crois tout ce que vous avez enseigné, parce que vous êtes la vérité.

Mon Dieu, j'espère votre grâce et, après ma mort, le ciel, parce que vous donnez tout ce que vous avez promis.

Mon Dieu, je vous aime pardessus tout, parce que vous êtes infiniment bon.

Mon Dieu, je me repens de tous mes péchés,

(1). Depuis minuit jusqu'à la communion, il ne faut rien manger ni boire.

pardonnez-moi, parce que Jésus est mort sur la croix pour moi.

Notre Père.

Notre Père qui êtes aux cieux, que votre nom soit sanctifié; que votre règne arrive; que votre volonté soit faite sur la terre comme au ciel.

Donnez-nous aujourd'hui notre pain quotidien; pardonnez-nous nos offenses, comme nous pardonnons à ceux qui nous ont offensés; et ne nous laissez pas succomber à la tentation; mais délivrez-nous du mal. Ainsi soit-il.

Je vous salue, Marie.

Je vous salue, Marie, pleine de grâce; le Seigneur est avec vous; vous êtes bénie entre toutes les femmes et Jésus, le fruit de vos entrailles, est béni.

Sainte Marie, Mère de Dieu, priez pour nous, pauvres pécheurs, maintenant et à l'heure de notre mort. Ainsi soit-il.

Mon saint Patron, priez pour moi.
Mon saint Ange Gardien, protégez-moi.
Ainsi soit-il.

AVANT LA CLASSE.

Seigneur! envoyez-moi votre Esprit-Saint, je vous prie, afin qu'il éclaire mon âme et fortifie mon cœur.

Accordez-moi la grâce d'être toujours appliqué à l'étude et docile à mes maîtres. Ainsi soit-il.

Je vous salue, Marie,...

APRÈS LA CLASSE.

Mon Dieu! vous m'avez donné la grâce de pouvoir m'instruire ; je vous en remercie.

Vous, soyez glorifié, et moi, sanctifié. Ainsi soit-il.

Je vous salue, Marie,...

QUESTIONNAIRE

—o—

1re LEÇON

Le Corps et l'Ame.

1. As-tu des mains et des pieds?
2. As-tu des yeux, des oreilles, un nez et une bouche?
3. As-tu un corps?
4. Penses-tu?
5. A qui penses-tu?
6. A quoi penses-tu?
7. Ton corps pense-t-il?
8. As-tu une âme?
9. A quoi l'âme est-elle unie?
10. Ton âme pense-t-elle?
11. As-tu une intelligence?
12. Réfléchis-tu, comprends-tu?
13. Les animaux réfléchissent-ils?
14. Les animaux ont-ils une intelligence?

2ᵉ LEÇON

L'Ame.

1. Pour quoi faire as-tu une intelligence ?
2. Pour quoi faire as-tu un cœur ?
3. Qui pense, comprend, aime ?
4. Vois-tu ton corps ?
5. Vois-tu ton âme ?
6. Peux-tu toucher ton corps ?
7. Peux-tu toucher l'âme ?
8. L'âme est-elle corps ?
9. Le corps mourra-t-il ?
10. L'âme mourra-t-elle ?
11. Qu'est l'âme ?

3ᵉ LEÇON

Dieu créateur.

1. Vois-tu des bancs, des tables ?
2. Qui fait les bancs, les tables ?
8. Avec quoi fait-on les bancs, les tables ?

4. Ecris les noms de quelques matériaux?

5. Ecris les noms de quelques outils.

6. Vois-tu des maisons?

7. Qui fait les maisons?

8. Avec quoi fait-on les maisons?

9. Vois-tu le ciel : le soleil, les étoiles; la terre?

10. Que vois-tu encore?

11. Ecris les noms de quelques plantes?

12. Ecris les noms de quelques animaux?

13. Qui a fait le ciel et la terre?

14. Le ciel et la terre ont-ils été faits avec des matériaux et des outils?

15. Comment Dieu a-t-il tout créé?

16. Qu'est-ce que Dieu a créé?

17. Qui a créé l'homme?

18. Qui seul est Créateur?

———

4ᵉ LEÇON

Dieu est esprit.

1. As-tu des mains, des yeux, des oreilles?

2. Dieu a-t-il des mains, des yeux, des oreilles?

3. As-tu un corps?

4. Dieu a-t-il un corps?

5. Qu'est Dieu?

6. Vois-tu un homme?

7. Pourquoi vois-tu un homme?

8. Vois-tu Dieu?

9. Pourquoi ne vois-tu pas Dieu?

5ᵉ LEÇON

Dieu est éternel, immense.

1. Es-tu né?

2. Tous les hommes naissent-ils?

3. Mourras-tu?

4. Tous les hommes mourront-ils?

5. Dieu est-il né?

6. Dieu mourra-t-il? — Pourquoi?

7. Où est Dieu?

8. Dieu est-il dans la classe, dans le dortoir?

9. Dieu est-il dans la cour, dans le jardin?

10. Dieu est-il partout? — Pourquoi?

6ᵉ LEÇON

Dieu est tout-puissant, bon et juste.

1. Qu'est-ce que Dieu sait?
2. Qu'est-ce que Dieu voit.
3. Dieu est-il tout-puissant?
4. Qu'est-ce que Dieu gouverne?
5. Qui est premier Maître de tout?
6. Comment Dieu est-il bon? beau?
7. Si tu es sage (1), qu'est-ce que Dieu fera?
8. Où iras-tu?
9. Si tu es méchant (2), qu'est-ce que Dieu fera?
10. Où iras-tu?
11. Qu'est Dieu?

7ᵉ LEÇON

Devoirs envers Dieu.

1. Qu'est-ce que Dieu?
2. Qui est ton Créateur, ton souverain Maître?

(1) Sage : bon, obéissant, doux, laborieux, patient?
(2) Méchant : querelleur, désobéissant, colère, paresseux.

3. Dois-tu croire en Dieu?
4. Dois-tu espérer en Dieu?
5. Comment dois-tu aimer Dieu?
6. Qui dois-tu adorer et prier?
7. Désobéiras-tu à Dieu?

8e LEÇON

La Sainte Trinité.

1. Combien y a-t-il de Dieux?
2. En Dieu, combien y a-t-il de personnes?
3. Comment la première personne s'appelle-t-elle?
4. Comment la seconde personne s'appelle-t-elle?
5. Comment la troisième personne s'appelle-t-elle?
6. Le Père est-il Dieu?
7. Le Fils est-il Dieu?
8. Le Saint-Esprit est-il Dieu?
9. Le Père, le Fils, le Saint-Esprit, combien sont-ils de personnes?
10. Le Père, le Fils, le Saint-Esprit sont-ils trois Dieux?

11. Le Père, le Fils, le Saint-Esprit, combien sont-ils de Dieux?

12. Les trois personnes divines sont-elles différentes?

13. Qu'est-ce que la Sainte Trinité?

9e LEÇON

Les Anges.

1. Qui a créé les Anges?
2. Les Anges ont-ils des corps?
3. Que sont les Anges?
4. Où les Anges habitent-ils?
5. Viennent-ils sur la terre?
6. Que font-ils?
7. A quoi nous excitent-ils?
8. Aimerez-vous les Anges?
9. Invoquerez-vous les Anges?
10. Que feront les Anges, si vous les aimez et les invoquez?

10ᵉ LEÇON

Les Démons.

1. Tous les Anges sont-ils restés bons?
2. Que sont devenus des Anges?
3. Où Dieu les a-t-il précipités?
4. Comment les Anges rebelles s'appellent-ils?
5. Viennent-ils sur la terre?
6. A quoi nous excitent-ils?
7. Haïrez-vous les démons?
8. S'ils vous tentent, que ferez-vous?

11ᵉ LEÇON

Création de l'Homme.

1. Avec quoi Dieu forma-t-il le corps du premier homme?
2. Qu'unit-il à ce corps?
3. Comment le premier homme s'appelle-t-il?
4. Avec quoi Dieu forma-t-il le corps de la première femme?
5. Qu'unit-il à ce corps?

6. Comment la première femme s'appelle-t-elle?
7. Pourquoi Dieu a-t-il créé les hommes?
8. Quand Dieu créa Adam et Eve, qu'étaient-ils?

12ᵉ LEÇON

Désobéissance d'Adam et d'Eve.

1. Où Dieu plaça-t-il Adam et Eve?
2. Que firent Adam et Eve?
3. A qui désobéirent-ils?
4. Que fit Dieu?
5. Comment Dieu punit-il Adam et Eve?
6. Quel péché tous les hommes ont-ils en naissant?
7. Ayant ce péché, peuvent-ils aller au ciel?
8. Pourquoi les hommes, en naissant, ont-ils le péché originel?
9. Dieu leur a-t-il pardonné?
10. Qui leur a-t-il envoyé?

13ᵉ LEÇON

L'Incarnation. — Jésus-Christ.

1. Quelle personne, en Dieu, s'est fait homme ?
2. Qu'est-ce que l'Incarnation ?
3. Comment Dieu le Fils devenu homme s'appelle-t-il ?
4. Qu'est-il ?
5. Qui est la mère de Jésus-Christ ?
6. Où Jésus-Christ est-il né ?
7. Durant combien d'années Jésus-Christ a-t-il été sur la terre ?
8. Qu'a fait Jésus-Christ ?
9. Qui a-t-il guéri ?
10. Qui a-t-il ressuscité ?

———

14ᵉ LEÇON

Rédemption. — Résurrection. — Ascension.

1. Jésus-Christ a-t-il souffert ?
2. Qu'a-t-il souffert ?
3. Qu'a-t-il souffert encore ?

4. Où est-il mort?
5. Pourquoi Jésus-Christ a-t-il souffert et est-il mort?
6. Qu'est-ce que la Rédemption?
7. Jésus-Christ a-t-il été enseveli?
8. Quand Jésus-Christ est-il ressuscité?
9. Où est-il monté?
10. Jésus-Christ redescendra-t-il sur la terre?
11. Pourquoi faire?

15ᵉ LEÇON

La Sainte Vierge Marie.

1. Pourquoi Jésus-Christ est-il Dieu?
2. Pourquoi Jésus-Christ est-il homme?
3. Qu'est Marie?
4. Qu'est-elle encore?
5. Après sa mort où Marie a-t-elle été élevée?
6. Nous aime-t-elle?
7. Que fait-elle?
8. Aimerez-vous Marie?
9. Invoquerez-vous Marie?
10. Que fera Marie pour nous?
11. Qu'est saint Joseph?

16ᵉ LEÇON

L'Eglise.

1. Combien Jésus-Christ a-t-il choisi d'apôtres?
2. Qu'ont fait les Apôtres?
3. Comment le chef des Apôtres s'appelle-t-il?
4. Qui a succédé aux Apôtres?
5. Qui a succédé à saint Pierre?
6. Qu'est-ce que l'Eglise?
7. A qui tous les chrétiens doivent-ils obéir?

17ᵉ LEÇON

Commandements de Dieu.

1. Combien y a-t-il de Commandements de Dieu?
2. Quel est le premier commandement?
3. Quel est le deuxième commandement?
4. Quel est le troisième commandement?
5. Quel est le quatrième commandement?
6. Quel est le cinquième commandement?
7. Quel est le sixième commandement?

8. Quel est le septième commandement?
9. Quel est le huitième commandement?
10. Quel est le neuvième commandement?
11. Quel est le dixième commandement?

18ᵉ LEÇON

Commandements de l'Eglise.

1. Combien y a-t-il de Commandements de l'E-
   glise?
2. Quel est le premier commandement de l'E-
   glise?
3. Est-il permis de travailler les jours de : Noël
   l'Ascension, l'Assomption, la Toussaint?
4. Quel est le deuxième commandement?
5. Quel est le troisième commandement?
6. Quel est le quatrième commandement?
7. Quel est le cinquième commandement?
8. Quel est le sixième commandement?

19ᵉ LEÇON

Le Péché.

1. Qu'est-ce que le péché?
2. Qu'est-ce que le péché actuel?
3. Pourquoi devons-nous obéir aux commandements de Dieu?
4. Qu'est-ce que pécher?
5. Qu'est-ce qu'un péché mortel?
6. Qu'est-ce qu'un péché véniel?
7. Si l'on pèche mortellement, qu'est-on?
8. Que mérite-t-on?
9. Si l'on pèche véniellement, qu'est-on?
10. Que mérite-t-on?
11. Combien y a-t-il de péchés capitaux?
12. Nomme les péchés capitaux?

20ᵉ LEÇON

La Grâce. — La Prière.

1. Pour éviter le péché, faire le bien, aller au ciel, que faut-il?
2. Comment appelle-t-on l'aide de Dieu?

3. Comment Dieu aide-t-il l'âme?
4. Pour obtenir la grâce que faut-il faire?
5. Quand faut-il prier?
6. Quelles sont les plus excellentes prières?
7. Qui a enseigné le *Notre Père?*

21ᵉ LEÇON

Sacrements. — Baptême. — Confirmation.

1. Combien Jésus-Christ a-t-il institué de Sacrements?
2. Nomme ces Sacrements.
3. Le Baptême qu'efface-t-il?
4. Par le Baptême que devenons-nous?
5. Combien de fois reçoit-on le Baptême?
6. Que donne la Confirmation?
7. Que fait le Saint-Esprit?
8. Combien de fois reçoit-on la Confirmation?
9. Qui donne la Confirmation?

22ᵉ LEÇON

Eucharistie. — Communion.

1. Que contient l'Eucharistie?
2. Jésus-Christ est-il tout entier dans les petites hosties?
3. Qu'est-ce que communier?
4. Par la communion reçoit-on du pain?
5. Par la communion que reçoit-on?
6. Combien de fois peut-on recevoir l'Eucharistie?
7. Pour recevoir l'Eucharistie dignement, que faut-il?
8. Que faut-il encore?
9. Qu'est-ce que être à jeun?
10. Après une bonne communion, à qui notre âme est-elle unie?
11. Qui nous aime?
12. Que nous donne Dieu?

23ᵉ LEÇON

Eucharistie. — Messe.

1. Jésus crucifié, qu'a-t-il offert à Dieu?
2. Pendant la Messe, qu'offre Jésus-Christ?
3. Avant l'Elévation que fait le prêtre?
4. En quoi change-t-il le pain?
5. En quoi change-t-il le vin?
6. Après l'Elévation voit-on encore le pain et le vin?
7. Sur l'autel y a-t-il du pain et du vin?
8. Qu'y a-t-il?
9. Où est Jésus-Christ?

24ᵉ LEÇON

Pénitence.

1. Le sacrement de Pénitence, qu'efface-t-il?
2. Pour avoir le pardon de ses péchés que faut-il?
3. Que faut-il promettre?
4. Qu'est-ce que la contrition?
5. Qu'est-ce que la confession?

6. Qu'est-ce que la satisfaction?
7. Qui, le prêtre remplace-t-il?
8. Comment le prêtre efface-t-il les péchés?
9. Quels péchés faut-il confesser?
10. Qu'est-il bien de confesser?
11. Combien de fois peut-on recevoir le sacrement de Pénitence?
12. Si l'on a un péché mortel, que faut-il faire?

25ᵉ LEÇON

Extrême-Onction. — Ordre. — Mariage.

1. L'Extrême-Onction, que fait-elle?
2. Qui soulage-t-elle?
3. A quoi aide-t-elle?
4. Quand faut-il recevoir l'Extrême-Onction?
5. L'Ordre, quel pouvoir donne-t-il?
6. Qu'est-ce que administrer les sacrements?
7. Combien de fois reçoit-on l'Ordre?
8. Qui donne le sacrement de l'Ordre?
9. Qui, le Mariage unit-il?
10. Quelles grâces donne-t-il?

26ᵉ LEÇON

La Mort. — Le Jugement particulier.

1. Quand serons-nous morts?
2. Après la mort, où le corps sera-t-il mis?
3. Que deviendra-t-il?
4. Où l'âme ira-t-elle?
5. Que fera Dieu?
6. Après ce jugement, qui ira dans le Ciel?
7. Qui ira dans le Purgatoire?
8. Qui ira dans l'Enfer?

———

27ᵉ LEÇON

Le Ciel. — Le Purgatoire. — L'Enfer.

1. Qu'est le Ciel?
2. Dans le Ciel, qui voit-on?
3. Que fait-on?
4. Dans le Ciel, souffre-t-on?
5. Dans le Ciel, qu'est-on?
6. Au Purgatoire qu'y a-t-il?
7. Y souffre-t-on?

8. Y reste-t-on toujours?

9. Après, où va-t-on?

10. Comment peut-on délivrer les âmes du Purgatoire?

11. Dans l'Enfer qu'y a-t-il?

12. Comment souffre-t-on?

13. Y verra-t-on Dieu?

14. Avec qui souffre-t-on?

28ᵉ LEÇON

Jugement général.

1. Le monde (1) finira-t-il?

2. A la fin du monde, tous les hommes mourront-ils?

3. Que fera Dieu?

4. Tous les hommes ressusciteront-ils?

5. Que fera Jésus-Christ?

6. Après ce jugement, où les hommes méchants
iront-ils?

7. Où les hommes bons iront-ils?

---

(1) Le monde, c'est le ciel (firmament), la terre et tout ce qu'ils renfer-
ment.

LEÇONS SUPPLÉMENTAIRES

L'Eucharistie.

1. Quand Jésus institua-t-il l'Eucharistie?
2. Avec qui, le Jeudi-Saint, mangea-t-il?
3. Que prit-il?
4. En quoi changea-t-il le pain?
5. Que prit-il ensuite?
6. En quoi changea-t-il le vin?
7. Quel pouvoir Jésus donna-t-il aux Apôtres et aux prêtres?
8. Pendant la Messe, avant l'élévation de l'hostie, que dit le prêtre?
9. En quoi change-t-il le pain?
10. Avant l'élévation du calice, que dit le prêtre?
11. En quoi change-t-il le vin?
12. Avant l'Elévation, sur l'autel, qu'y a-t-il?
13. Après l'Elévation, sur l'autel, y a-t-il du pain et du vin?
14. Qu'y a-t-il?
15. Dans l'Eucharistie, qui y a-t-il?

16· Pourquoi faut-il adorer l'Eucharistie?

17. Qui est vraiment dans l'Eucharistie?

18. Où Jésus est-il aussi?

La Messe. — La Communion.

1. Comment Jésus-Christ a-t-il sauvé les hommes?

2. Sur la croix qu'a fait Jésus-Christ?

3. Qu'est-ce que la Sacrifice de la Croix?

4. Pourquoi le Prêtre offre-t-il la Messe?

5. Qu'est-ce que la Messe?

6. Pourquoi Jésus a-t-il institué l'Eucharistie?

7. Comment Jésus s'unit-il à nous?

8. Qu'est-ce que communier?

9. Par la Communion recevons-nous du pain?

10. Par la Communion qu'est-ce que nous recevons?

11. Jésus s'unissant à nous, que nous donne-t-il?

12. Pour bien communier que faut-il?

13. Que faut-il encore?

14. Après la Communion, que faut-il faire?

TABLE DES MATIÈRES